ÉTUDES

SUR

L'HISTOIRE DE LA DIME ECCLÉSIASTIQUE EN FRANCE

PHILIPPE LE BEL

ET

LES DIMES INSOLITES

PAR

Paul VIARD

DOCTEUR EN DROIT
LICENCIÉ ÈS LETTRES
ÉLÈVE DE L'ÉCOLE DES HAUTES ÉTUDES

DIJON
IMPRIMERIE JOBARD
9, Place Darcy

1911

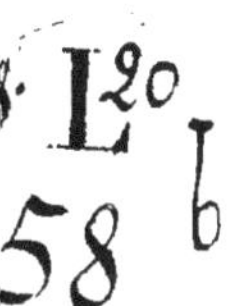

ÉTUDES

SUR

L'HISTOIRE DE LA DIME ECCLÉSIASTIQUE EN FRANCE

PHILIPPE LE BEL

ET

LES DIMES INSOLITES

PAR

PAUL VIARD

DOCTEUR EN DROIT
LICENCIÉ ÈS LETTRES
ÉLÈVE DE L'ÉCOLE DES HAUTES ÉTUDES

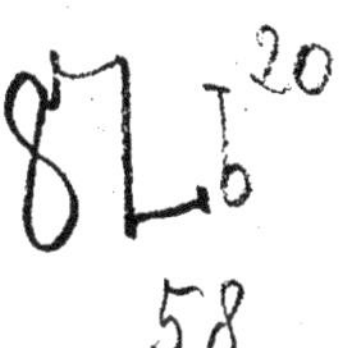

DIJON
IMPRIMERIE JOBARD
9, Place Darcy
—
1911

PHILIPPE LE BEL[1]

ET

LES DIMES INSOLITES

Au treizième siècle, la coutume était considérée par les pouvoirs laïcs comme la source prépondérante de la réglementation de la dîme, principalement de son assiette. Philippe Auguste et Philippe III, en se prononçant en faveur du paiement obligatoire de la dîme, avaient soin d'ajouter qu'il ne s'agissait que des dîmes perçues depuis longtemps (2). L'ordonnance d'avril 1228/9, prescrivant aux habitants de la province de Narbonne de payer la dîme, ne parle pas de la coutume, et Raymond VII, dans le traité alors conclu entre lui et la régente, promet de se conformer aux décisions du légat et du pape (3). Cette conduite s'explique par

---

(1) Cette étude a été écrite à l'occasion d'un travail actuellement en cours de préparation, qui fera suite à mon *Histoire de la dîme ecclésiastique, principalement en France, avant le décret de Gratien*, Dijon, imp. Jobard, 1909, in-8°, XI-266 p.

(2) De Laurière, *Ordonnances des Roys de France de la troisième race*, I, p. 41 ; p. 301, 302.

(3) De Laurière, I, p. 52. — *Hist. génér. de Languedoc*, édit. Privat, VIII, col. 885.

l'habitude prise par les Albigeois de ne pas payer la dîme et par l'exemple de Simon de Montfort (1). Mais, même en ces régions du Midi, la coutume était la grande régulatrice de la dîme. C'est ainsi qu'Alfonse de Poitiers ordonne de réprimer les agissements d'un curé qui demande le dixième des foins, alors que l'usage est de ne donner que le vingtième (2). La même idée était admise par l'Echiquier et les Parlements de Paris et de Toulouse. Les autorités royales ou municipales se plaignaient parfois au roi ou aux seigneurs des innovations que le clergé apportait dans le fonctionnement de la dîme (3).

Philippe le Bel donna à ce sentiment général une expression particulièrement énergique. Dans ses mandements qui enjoignaient à ses officiers de ne pas troubler le clergé dans la perception des dîmes, il n'était question que des dîmes autorisées par l'usage (4). Mais c'est dans la Philippine, c'est-à-dire et plus exactement, dans une lettre et un mandement du 7 février 1312/3, qu'il proclama avec le plus de netteté l'influence prépondérante de la coutume

---

(1) Molinier, *Catalogue des actes de Simon et d'Amaury de Montfort*, n. 31 (Bibl. de l'Ecole des chartes, 1873). — *Hist. de Languedoc*, VIII, col. 626.

(2) Molinier, *Correspondance d'Alfonse de Poitiers*, n. 796, an 1268. Cf. n. 1472.

(3) Par ex. Delisle, *Recueil des jugements de l'Echiquier*, n. 531, an 1234. — *Olim*, I, p. 538, n. 7, an 1262. — Baudouin, *Lettres inédites de Philippe le Bel*, p. 236, an 1282. — Plaintes du sénéchal de Toulouse (*Hist. du Languedoc*, VIII, col. 1422), des habitants de Toulouse à Alfonse (Molinier, *Corresp.*, n. 840, § 13, an 1268) ou au Parlement (Baudouin, p. 262, 263, après 1304).

(4) Baudouin, p. 61, an 1304, par ex.

sur l'assiette de la dîme. La lettre défendait à l'évêque de Saintes de percevoir des dîmes insolites et le mandement prescrivait au sénéchal de Saintonge de veiller à l'exécution de la défense royale et en cas de désobéissance, de saisir le temporel du prélat. En même temps, Philippe le Bel déclarait à l'évêque que si celui-ci pensait avoir quelque droit dans les dîmes en question, le roi, en Parlement, trancherait le différend (1).

---

(1) Ce texte a déjà été publié par Pierre de Marca (*Dissertationum de concordia sacerdotii et imperii*, l. IV, ch. x, éd. de 1708, col. 379) qui en a omis la fin. Le voici, d'après la copie du premier registre criminel du Parlement (A. N., X, 2a 1, fol. 1 r°. Mention dans Boutaric, *Actes du Parlement de Paris*, nos 4049, 4050). « Philippus Dei gratia Francorum rex. Baillivo, etc. Episcopo, etc. litteras nostras mittimus in hæc verba. Philippus Dei gratia Francorum rex dilecto nobis in Christo... episcopo Xanctonensi salutem. Frequens ad nos perduxit relatio gravibus onusta querelis quod vos, seu gentes vestre vel... officiales vestri, vobis ratum habentibus, contra consuetudinem diutius observatam, de novo decimam exigitis de rebus de quibus prestari non consuevit novumque modum decimandi inducitis in grave scandalum patrie. Et quod populus vobis subditus vobis non obedit, per excommunicationem consulum et similium rectorum dictorum locorum, villarum etiam interdictum, populum ipsum scandalizamini et gravatis apud Rupellam videtur et in locis circumvicinis. Quin immo etiam villas et loca predicta in nostro existentia domanio supposuistis ecclesiastico interdicto contra privilegia nostra ; ex quibus nedum in illis partibus periculosum est scandalum generatum sed alibi in regno nostro manifestum scandalum et periculosius iminet nisi circa hoc adhibeatur remedium oportunum. Nos igitur his periculis et scandalis, quantum possumus, obviare volentes, vos attente requirimus quatinus a predictis cessetis de cetero et faciatis cessari penitus et omnino et attemptata in prejudicium et scandalum publicum et contra statum antiquum regni nostri et aliorum mundi regnorum in quibus secundum diversitatem locorum diversi modi servantur in talibus, revocetis et revocari faciatis. Et si in predictis jus aliquod vos putetis habere, ne forte in hiis procedatur ad scandalum, vobis offerimus per presentes quod certa die coram nobis veniatis Parisius et nos cum nostri deliberatione consilii providebimus super hoc prout, servata

Jusqu'à cette date, les rois s'étaient contentés d'affirmer un principe sans le concrétiser et surtout sans lui attacher de sanction pénale Philippe IV, au contraire, applique la théorie et cela, sous menace de ce moyen de contrainte qui était alors la peine la plus grave que le pouvoir laïc pût efficacement infliger à un clerc. Là ne se bornent pas l'intérêt et l'importance de notre mandement. Philippe le Bel y affirme l'indépendance du droit séculier à l'égard du droit canonique, l'aptitude de la royauté à réglementer librement la dîme et même la suprématie du pouvoir laïc en cas de conflits entre les deux législations.

Sans doute, le droit canonique n'est pas systématiquement hostile à l'influence de la coutume sur la réglementation de la dîme (1). Mais, pour les cano-

---

pace et salute ecclesie et patrie faciendum fuerit et ad nos pertinebit. Alioquin deesse non poterit quominus nos, ad vitanda hæc scandala et pericula que exinde possunt emergere et in promptu imminent emergenda, provideamus de remedio oportuno. Et quid inde facere nolueritis senescallo nostro xanctonensi per quem presentes litteras vobis presentari et exhiberi volumus respondeatis, ut juxta responsionem vestram circa talia possit rationabiliter provideri. Datum Parisius die vij° februari anno xij° (*sic*).

» Mandantes vobis quatinus nostras litteras predictas presentetis et exhibetis eidem seu presentari et exhiberi faciatis. Et si ipse contenta in eisdem litteris nostris complere recusaverit, aut plus debito distulerit, bona ipsius temporalia tam diu ad manum nostram teneatis et faciatis teneri donec ipse premissa adimpleverit aut fecerit adimpleri, taliter quod ob hoc merito debeatis de diligentia commendari. Actum Parisius die vij° februarii anno xij°. »

(1) *Décrétales*, III, 30, ch. 32 : illæ quippe decimæ necessario solvendæ sunt quæ debentur ex lege divina vel loci consuetudine approbata. Toutefois, le droit divin semble bien l'emporter, en théorie du moins ; cf. ch. 14 : decimæ non ab hominibus sed ab ipso Deo institutæ. — Cf. ch. 5 ordonnant de payer certaines dîmes tombées en désuétude.

nistes, la coutume n'est pas seulement un usage ancien, c'est surtout une pratique raisonnable et approuvée, ou du moins tolérée, par les représentants officiels de l'Eglise. Or, la défense de percevoir des dîmes insolites se concilie assez mal avec le principe, maintes fois proclamé, que tous les produits, tous les revenus sont soumis à la dîme (1). D'ailleurs, le roi de France ne se préoccupa point de savoir s'il agissait en conformité ou en contradiction avec l'Eglise. Il réglemente la dîme d'une façon indépendante. C'est ainsi qu'il n'invoque aucune disposition canonique et ne fait aucune allusion au droit ecclésiastique. Il intervient parce que ses sujets se sont plaints à lui et qu'il veut éviter un scandale public. La royauté a donc un pouvoir propre d'intervenir dans la réglementation de la dîme ; elle n'est plus réduite à sanctionner les décisions des papes ou des conciles. Philippe le Bel va plus loin. Si la question de savoir si telle ou telle dîme est insolite ou non demeure douteuse, ce n'est pas un tribunal d'Eglise qui statuera, ce sera le roi en son Parlement (2). Aussi bien, Pierre de Marca est-il bien près de dire que ce mandement de 1313 est l'origine de l'appel comme d'abus, fondé sur la violation de la coutume.

---

(1) Par ex. *Décrétales*, III, 30, ch. XXII : fidelis homo de omnibus que licite potest acquirere decimas erogare tenetur. Célestin III applique ce principe aux produits des moulins à vent, inconnus avant les croisades ; c'est là un cas de dîme insolite dans la conception de Philippe le Bel qui ne se préoccupe que de l'usage ancien.

(2) Le roi parle de son conseil, mais, à cette époque, le Parlement méritait encore ce nom, et l'affaire est de nature contentieuse.

Auparavant, il est vrai, la justice laïque connaissait de l'assiette de la dîme. En 1234 et en 1243, l'Echiquier se prononce au sujet de dîmes insolites contre les prétentions d'un curé et d'une abbaye. Le Parlement de Toulouse en 1282 rejette les réclamations du clergé contre les agents du roi qui l'empêchaient de décimer les revenus *de quibus non fuerunt decime vel primicie retroactis temporibus persolute.* Le Parlement de Paris paraît avoir été moins hardi. En 1257, il condamne les fonctionnaires royaux à payer à un curé la dîme sur un jardin du roi, dîme dont il avait dessaisi depuis peu. En 1262, il refuse de contraindre des paysans à payer la dîme de la laine *nisi inveniatur quod ipsi homines eam solverint antequam fieret permutatio supradicta.* Mais dans ces deux causes, le procès était intenté au roi, comme soumis à la dîme ou comme garant d'un échange. Le Parlement est compétent parce que le droit féodal ne permet pas d'assigner le roi devant un autre tribunal que le sien propre. La *curia regis* ne prétend pas avoir le droit de statuer en principe sur l'assiette de la dîme. Aussi, en 1304, elle refuse d'écouter les plaintes élevées contre une augmentation insolite du taux de la dîme. A-t-elle accueilli au contraire les doléances des consuls de Toulouse *circa petitiones quas eis et aliis nititur* (l'évêque de Toulouse) *facere super decimis et primiciis ultra modum solitum et antiquum* ou *de novitatibus quas dicunt sibi fieri a clericis... ultra modum et de rebus non consuetis?* Les textes ne permettent pas de l'affirmer : ils se contentent de dire : *Respondetur ut supra* (1). Philippe le Bel est beaucoup plus net dans la lettre que nous étudions : il affirme la compétence exclusive de son Parlement sans faire appel à aucun principe féodal, à aucun « cas royal », à aucune théorie justificative plus ou moins ingénieuse.

Les légistes et les conseillers de Philippe le Bel comprirent-ils toute la portée de cet acte ? Faute de documents, nous ne pouvons l'affirmer. Par contre les jurisconsultes postérieurs associèrent au souvenir de Philippe le Bel celui des dîmes insolites et lui attribuèrent une ordonnance conçue en ce sens qu'ils désignent sous le nom de Philippine (2). A ma connaissance, on trouve la première mention de la Philippine dans un des appendices publiés à la suite du *Stilus curiæ Parlamenti* (3). C'est le paragraphe 1er ou *Philippus IV* du titre 35 *de decimis* dans les *Ordinationes regiæ antiquæ : Senescallus ad requisitionem consulum locorum quorumcumque*

(1) Echiquier, n. 531 et 746. — *Olim*, I, p. 257, n. VII, an 1257 ; I, p. 538, n. VII, an 1262 ; II, p. 471, n. VI, an 1304. — Baudouin, p. 236, 262, 264. — Je ne fais état que des arrêts visant manifestement l'assiette de la dîme et non le droit pour telle ou telle personne de la percevoir, cas où Echiquier et Parlement se reconnaissent souvent compétence lorsqu'il s'agit de la saisine.

(2) Papon, cependant, attribue la Philippine à Philippe-Auguste. *Recueil d'arrêts*, 1601, p. 33.

(3) Par ex. *Stilus antiquus supremæ curiæ amplissimi ordinis Parlamenti Parisiensis... cum annotationibus Molinæi... et Aufrerii*, Parisiis, Apud Galeotum a Prato, 1558, p. 206, et auparavant *Stillus superincliti Parlamenti... cum scholiis Aufrerii*, Parisiis, Apud Galeotum a Prato, 1526, fol. 173 r°, qui donne la date de 1304. — Cf. Dumoulin, *Œuvres*, II, p. 521 (éd. de 1681) qui date l'Ordonnance de 1303 et ajoute *in fine* fieri. — Je cite d'après l'édition de 1526.

defendat ipsos consules et universitates et singulos a nova impositione servitutis facienda per præl[ib]atos et alias personnas ecclesiasticas, a nova exactione decimarum et primitiarum et prestationis pasate prout de jure fuerit et hactenus est consuetum.

Cette ordonnance n'a pas été publiée par de Laurière ; les éditions du *Stylus* ne donnent aucune référence. Les recherches que j'ai faites dans les registres du Trésor des chartes et dans divers recueils manuscrits ou imprimés où, *a priori*, on pouvait espérer en trouver trace n'ont donné aucun résultat. Il est bien probable que cette ordonnance de 1303 ou 1304 n'a jamais existé. La Philippine est due, du moins nous pouvons le conjecturer jusqu'à découverte de son texte, à une confusion dans l'esprit de son premier rédacteur, d'une façon plus précise, à une interpolation dans le paragraphe 29 d'une ordonnance de 1303/4 relative à l'administration de la sénéchaussée de Toulouse. Ce texte est ainsi conçu : *Item quod senescallus ad requisitionem consulum locorum quorumlibet defendat ipsos consules et universitates ac singulos a nova impositione servitutis facienda per prelatos seu alias ecclesiasticas personnas et a nova exactione pasate prout de jure fuit et hactenus est fieri consuetum* (1).

(1) De Laurière, I, p. 401. — A. N., JJ, 35, fol. 63 v°, pièce 136 et 36, fol. 59 v°. De Laurière lit *servitur* au lieu de *servitutis* et le corrige en *in futurum*. Les manuscrits portent en effet *servitur*, mais une correction est exigée par le sens, et la plus simple est *servitutis*, déjà adoptée par du Cange, d'après le registre de la sénéchaussée de Toulouse, aujourd'hui perdu (Martin-Chabot, *Les archives de la Cour des comptes, aides et finances de Montpellier,* 1907, p. 125, 126), v° *passata*. Le reg. JJ. 35 contient *exactione prestationis pasate*.

Ce paragraphe 29 et la Philippine ne diffèrent, on le voit, à part quelques détails, que par la mention dans cette dernière des dîmes et des prémices. C'est là l'unique différence sérieuse, car les autres modifications n'altèrent pas le sens et on en rencontre d'analogues dans le paragraphe suivant des *Ordinationes regiæ*, tiré apparemment de lettres de 1303/4 que nous retrouverons en étudiant le contentieux de la dîme. D'un autre côté, les dates des deux textes sont les mêmes ; la tournure grammaticale *quod senescallus...* la mention des *consules*, *universitates...* et de la *passata* se trouvent dans tous deux. De ces rapprochements, il paraît bien résulter que la Philippine est le produit d'une interpolation.

Un argument assez sérieux est fourni par l'emprunt, déjà relevé, fait par les *Ordinationes regiæ* à de simples lettres de Philippe IV devenues une ordonnance. Et ici le premier compilateur de ce recueil (1) a supprimé l'importante mention de l'assentiment donné par les parties à la mise sous séquestre par le roi des dîmes litigieuses. Ce compilateur n'hésitait donc pas à remanier les textes officiels et à leur donner la portée générale et absolue qu'ils n'avaient pas primitivement.

D'où provient l'interpolation de la Philippine? A mon avis, elle a été inspirée par le mandement de 1313. Il est question dans les deux actes de sénéchal, de consuls, de protection accordée aux habitants

---

(1) La date, les circonstances et l'auteur de cette interpolation sont pour moi demeurés encore inconnus. Pour résoudre ces questions, il faudrait connaître la genèse des *Ordinationes*. C'est là une étude délicate dans laquelle je ne pouvais entrer.

par le roi contre les innovations du clergé. On avait conservé le souvenir d'une intervention de Philippe le Bel à propos des dîmes insolites, mais sans doute on avait oublié l'acte précis du roi. On mit sous son nom l'interdiction des dîmes insolites en se servant d'un texte qui, par sa rédaction et son esprit, se prêtait sans difficulté à cette transformation. Cette conjecture est d'autant plus vraisemblable que le mandement de 1313 est la plus énergique des décisions de Philippe le Bel à propos des dîmes insolites, par suite celle qui fit le plus d'impression.

Nous ne savons si le mandement de 1312/3 fut exécuté, si l'évêque obéit au roi. Etant donné l'hostilité habituelle des fonctionnaires royaux à l'égard du clergé, l'énergique ténacité du roi, les recommandations pressantes qu'il adresse au sénéchal à la fin de notre document, l'affirmative semble probable. D'ailleurs, Philippe le Bel continua à professer la même opinion sur les dîmes insolites. En mai 1313, il ordonnait au sénéchal de Toulouse de laisser citer en cour d'Eglise ses administrés, mais seulement *super peticione decimarum de rebus que consueverunt ibidem ab antiquo decimari.* Les dîmes insolites lui paraissent donc illégitimement réclamées (1).

Comme on le voit, ce mandement de 1313 n'est pas sans avoir quelque importance dans l'histoire de la dîme ecclésiastique. Ce n'est pas qu'il innove. Philippe Auguste, Philippe III et la jurisprudence

(1) Baudouin, p. 101, 31 mai 1313.

du treizième siècle en disant que l'assiette de la dîme est déterminée par la coutume, Philippe le Bel, en prohibant la perception des dîmes insolites. expriment une même idée. Le Parlement et surtout l'Echiquier n'avaient pas attendu le mandement de 1313 pour juger des procès relatifs à la levée de dîmes inconnues antérieurement ; mais, en 1313, aucun principe de droit féodal ne rend équivoque la compétence du tribunal du roi (1). La saisie du temporel était la sanction ordinaire des résistances opposées par le clergé aux ordres des pouvoirs séculiers. Toutefois, si la perception des dîmes insolites, en pratique, avait pu déjà provoquer cette saisie, l'acte de Philippe le Bel est le premier document dans lequel il en soit expressément mention. C'est précisément dans ce fait que la lettre et le mandement de 1312/3 affirment formellement et au nom du roi les théories et les pratiques contemporaines que me paraît consister l'intérêt de notre texte. Il ne crée pas les principes du droit civil ecclésiastique, qui, au début du quatorzième siècle, régissaient l'assiette des dîmes; officiellement et, chose nouvelle, dans leur ensemble, il les constate.

(1) Il n'est pas question d'infliger à l'évêque une peine proprement dite; par suite, il ne s'agit pas d'un « cas privilégié ». Sur le cas privilégié, cf. Esmein, *Cours élémentaire d'histoire du droit français*, 3e p., t. II, ch. VI, sect. I, § 3; Génestal, *La juridiction ecclésiastique aux treizième et quatorzième siècles*, cours professé à l'Ecole des hautes études, Sci. relig., 1909-1910-1911.

IMP. JOBARD, DIJON

PENSER · AGIR
JOBARD · IMPRIMEUR · DIJON

www.ingramcontent.com/pod-product-compliance
Ingram Content Group UK Ltd.
Pitfield, Milton Keynes, MK11 3LW, UK
UKHW022212190726
13855UKWH00004B/1719

9 782013 445122